An Ark for the Next Millennium

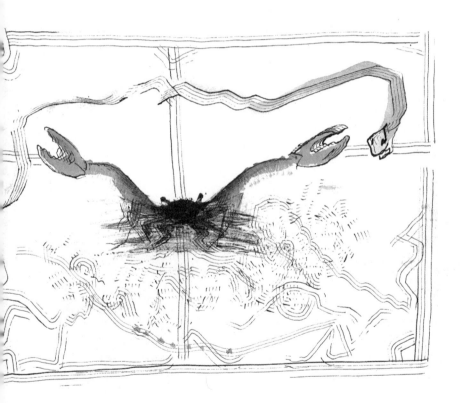

The Texas Pan American Series

An Ark for the Next Millennium

Poems by
José Emilio Pacheco

Drawings by
Francisco Toledo

Translations by
Margaret Sayers Peden
from *Album de zoologia*,
selected by Jorge Esquinca

University of Texas Press
Austin

This book has been published in part by a gift from the Friends of the Arts of Mexico Foundation.

Originally published as *Album de zoología*, 2nd ed., © 1991 Universidad de Guadalajara/Xalli and Cuarto Menguante.

Earlier versions of the poems *Mirror of Enigmas: Monkeys*, *The Birds*, and *A Hog Meeting Its God* appeared in *Out of the Volcano*, © 1991, Smithsonian Institution. Reprinted by permission.

Library of Congress Cataloging-in-Publication Data
Pacheco, José Emilio.
    [Album de zoología. English]
    An ark for the next millennium : poems / by José Emilio Pacheco ; drawings by Francisco Toledo ; translations by Margaret Sayers Peden from Album de zoología, selected by Jorge Esquinca. — 1st ed.
        p.   cm.
    ISBN 0-292-76547-9 (cloth : alk. paper).—ISBN 0-292-76548-7 (pbk. : alk. paper)
    1. Animals—Poetry.   I. Toledo, Francisco, date.   II. Peden, Margaret Sayers.   III. Esquinca, Jorge.   IV. Title.
PQ7298.26.A25A6813   1993
861—dc20   92-41086

for Elías Nandino
and for Jorge Esquinca,
who gathered these beasts
together into the Ark

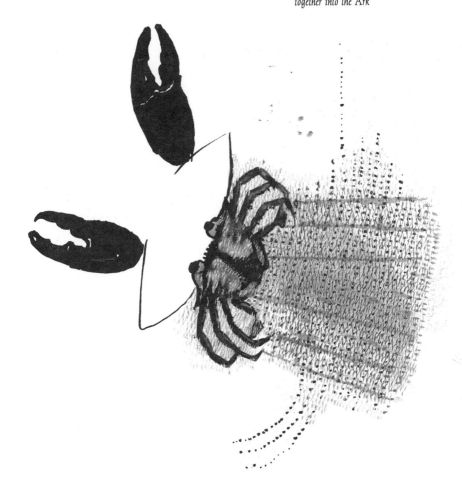

Índice

Contents

A José Emilio,
una estampa para su Album

Fábula del cazador

Un hombre comienza a pensar en un lobo.
Al principio este lobo es sólo una silueta inmóvil:
un bulto parduzco agazapado en la oscuridad,
un hocico jadeante.
Días después el pensamiento del lobo regresa.
Se adueña de la memoria con cuatro patas poderosas.
El hombre dirige entonces una débil linterna
y localiza la acechante figura de ese lobo pensado.
Bajo la repentina claridad despiertan dos pupilas amarillas,
dos hileras de colmillos afilados, relucientes.
Desde el centro del círculo un gran lobo gris lo mira,
con la fija atención del animal frente al peligro.
Cada músculo sometido a una tensión precisa.
La pelambre del lomo erizada, eléctrica.
Húmedos los belfos, punzantes las garras.

La noche sorprende al hombre inclinado sobre su mesa de trabajo.
El pensamiento del lobo merodea impune, desafiante.
Decidido, el hombre empuña un lápiz:
se ha propuesto cazar al lobo.
Transcurren las horas y se manchan las hojas con dibujos feroces:
en cada giro su mano se desliza con una agilidad inexplicable, casi felina.
Sus trazos se vuelven más que espontáneos: instintivos.

For José Emilio,
one picture more for his Ark album.

—————

Fable of the Hunter

A man begins thinking of a wolf.
At first, this wolf is nothing more than a motionless silhouette:
a grayish shape crouching in the darkness,
a panting muzzle.
Days later the wolf-thought returns.
It steals into his memory on four powerful feet.
The man then shines a weak light
and spots the lurking figure of the wolf-thought.
The sudden light ignites two yellow pupils,
two rows of pointed, gleaming teeth.
From the center of the circle a great wolf watches the man
with the unbroken attention of an animal sensing danger.
Each muscle tuned to an exact tension.
Hair standing on end, electrified.
The maws moist, the claws punishing.

Night surprises the man still bent over his work table.
The wolf-thought prowls unpunished, defiant.
Decisively, the man picks up a pencil;
he has set himself the task of capturing the wolf.
Hours pass and the pages grow dark with ferocious drawings:
with each stroke the man's hand glides with an inexplicable, almost feline
    agility.
His lines become more than spontaneous: instinctive.

Pronto su lobo es una sola línea.
Un salto visible entre la vida y la muerte.

Entonces el hombre se detiene: ha comprendido.

Apenas tiembla al escuchar el largo aullido al fondo del jardín.
Se levanta de la mesa y sale hacia la madrugada.
Ni siquiera nota que se apagan ya las últimas estrellas.

Jorge Esquinca

Soon his wolf is a single line.
A visible leap between life and death.

Then the man pauses: he has understood.

He barely shivers when he hears the long howl from the back of his garden.
He rises from the table and walks out toward the dawn.
He does not even note that the last stars have faded from the sky.

Jorge Esquinca

An Ark for the Next Millennium

——————

. . . les bêtes savent
Samuel Beckett, Comment c'est

De agua
Water

—¿En qué piensas?
—En nada, en la inmortalidad del cangrejo.
Anónimo: *Los mexicanos pintados por sí mismos* (1855)

————

Inmortalidad del cangrejo

Y de inmortalidades sólo creo
en la tuya, cangrejo amigo.
　　Te aplastan,
te echan en agua hirviendo,
　　inundan tu casa.
Pero la represión y la tortura
de nada sirven, de nada.

No tú, cangrejo ínfimo,
caparazón mortal de tu individuo, ser transitorio,
carne fugaz que en nuestros dientes se quiebra;
no tú sino tu especie eterna: los otros:
el cangrejo inmortal
　　　　　　　toma la playa.

2

"A penny for your thoughts."
"No thoughts, really . . . except on the immortality of the crab."
Anonymous: *Los mexicanos pintados por sí mismos* (1855)

Immortality of the Crab

And among immortalities, I believe only
in yours, friend crab.
    They crush you,
throw you into the boiling pot,
    flood your dwelling.
But their repression and torture
are all for nothing.

Not you, humble crab,
mortal shell of an individual, transitory being,
ephemeral flesh shredded by our teeth;
not you, but your eternal species: the others—
the crab immortal—
                take the beach.

Discurso sobre los cangrejos

En la costa se afirma que los cangrejos
son animales hechizados.
Son seres incapaces de volverse
para mirar sus pasos.

De las tercas mareas aprendieron
la virtud del repliegue,
el ocultarse
entre rocas y limo.

Caminantes oblicuos,
en la tenacidad de sus dos pinzas
sujetan el vacío que penetran
sus ojillos feroces como cuernos.

Nómadas en el fango o habitantes
en dos exilios:
extranjeros
ante los pobladores de las aguas
y ante los animales de la tierra.

Trepadores nocturnos,
armaduras herrantes,
hoscos y eternamente fugitivos,
siempre rehúyen la inmortalidad
en imposibles círculos cuadrados.

Discourse on Crabs

Along the shore it is said that crabs
are animals bewitched,
creatures incapable of looking back
to see where they have been.

From obstinate tides they learned
the virtue of retreat,
of lying hidden
amid rocks and mud.

Skittering obliquely,
they grip in two tenacious
pincers the void they penetrate
with eyes as sharp as horns.

Nomads of the mud, they occupy
two exiles,
alien
to both denizens of the seas
and beasts that walk the earth.

Nocturnal creepers,
itinerant armor,
unsociable and always on the run,
persistent, they flee immortality
in circles impossibly squared.

Su frágil caparazón
incita al quebrantamiento,
al pisoteo.

(Hércules vengó así la mordedura,
y Juno que lo envió contra este obsceno
personaje de feria,
contra este charlatán de la edad heroica,
para retribuirlo situó a Cáncer
entre los doce signos del Zodiaco,
a fin de que sus patas y tenazas
encaminen al sol por el verano
—el tiempo en que germinan las semillas.)

Ignoro en cuál momento dio su nombre
a ese tumor que rompe los tejidos
y aún al comenzar el final tercio
del siglo veinte
permanece invencible
—y basta su mención para que el miedo
cruce el rostro de todos los presentes.

Their fragile carapace
clamors to be ground
beneath our foot.

(Thus did Hercules avenge their bite,
but Juno, who sent the crab against that
obscene carnival clown,
against that charlatan of the heroic age,
as reward placed Cancer
among the Zodiac's twelve signs,
so that its feet and claws
might climb in summer toward the sun
—the season when seeds germinate.)

I don't know when its name was given
to that tumor that invades tissues
and still in the last years
of the twentieth century
remains invincible
—merely the mention of its name casts
fear across the face of all those present.

El método habitual para purificar el agua de los pozos: mantener una
tortuga en su fondo, resultaba una forma eficaz de contaminación.

Ambrosio Ortega Paredes: El agua, drama de México (1955).

El pozo

Quizá en el fondo estábamos tratando
de fingir que fingíamos
Pero dijimos la verdad
                    Y en efecto
la vida
        no es la resonancia
                    Es la piedra
que antes de dibujar los ecos en el agua
despierta círculos
de tembloroso moho en las paredes

Y en la hondura del pozo
                    cae sin fuerzas
en la mustia tortuga
                    que arrojamos
como instrumento o talismán o conjuro
para purificar con sus devoraciones
el agua o la conciencia
                    Sin darnos cuenta
de que nuestros ardides son las trampas
donde caemos invariablemente

The traditional method for purifying well water—keeping a turtle in the bottom—was instead an extremely efficient form of contamination.
Ambrosio Ortega Paredes: El agua, drama de México (1955)

The Well

Perhaps deep down we were trying
to pretend we were pretending
But we spoke the truth
                    And in fact
life
    is not the resonance
                    It is the stone
that before it traces echoes on the water
awakens circles
of tremulous moss upon the walls

And in the depths of the well
                    falls weightlessly
upon the gloomy turtle
                    we drop in
as instrument or talisman or spell
to purify
water, or consciousness,
                    Never realizing
that our subterfuges are the traps
into which, invariably, we fall

Claro está:
          la tortuga
no limpia
          contamina
La piedra que cae a plomo nos engaña
Nunca sabremos la extensión del pozo
ni su profundidad
          ni el contenido
de sus emponzoñadas filtraciones

It's clear:
        the turtle
does not purify—
                it fouls
The stone that plummets downward is deceptive
We will never know the extent of the well
how deep it is
                or the substance
of its poisoned filterings

Los ojos de los peces

A la orilla del mar la corva arena
y una hilera de peces muertos

Como escudos después de la batalla

Sin vestigio de asfixia ni aparente
putrefacción

Joyas pulidas por el mar
sarcófagos
que encerraban su propia muerte

Había un rasgo
fantasmal
en aquellos peces

Ninguno tenía ojos

Doble oquedad en sus cabezas

Como si algo dijera que sus cuerpos
pueden ser de la tierra

Eye Witness

At the edge of the sea, curving sand
and a line of dead fish

Like shields abandoned after battle

No sign of suffocation or visible
putrefaction

Jewels polished by the sea
sarcophagi
enclosing their own deaths

Those fish shared
a ghostly
peculiarity

None had eyes

Twin cavities in each head

As if something said
the land might claim their bodies

Pero los ojos son del mar
por ellos mira el mar

Y cuando muere el pez en la arena
los ojos se evaporan
y al reflujo

recobra el mar lo que le pertenece

But their eyes belong to the sea
The sea sees through them

So when a fish dies on the sand
its eyes evaporate
and with the tide

the sea recovers what is hers

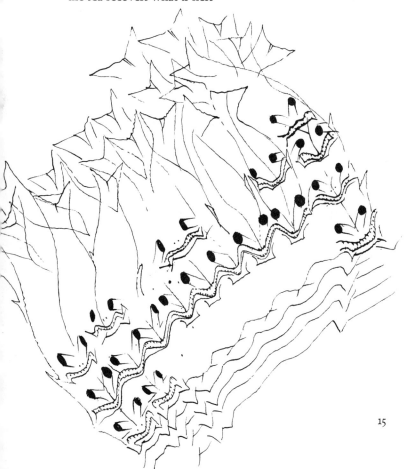

Tratado de la desesperación: los peces

Siempre medita el agua del acuario
Piensa en el pez salobre y en su vuelo
reptante
       breves alas de silencio
El entrañado en penetrables   líquidos
pasadizos de azogue
              en donde hiende
su sentencia de tigre
            su condena
a claridad perpetua
         o ironía
de manantiales muertos tras dormidas
corrientes de otra luz
            Claridad inmóvil
aguas eternamente traicionadas
o cercenado río sin cólera
que al pensar sólo piensa en el que piensa
cómo hundirse en el aire
            en sus voraces
arenales de asfixia
         Ir hasta el fondo
del invisible oleaje que rodea
su neutra soledad
          por todas partes

Treatise on Despair: Fish

Water in aquariums forever meditates
Pondering the briny fish in its sinuous
flight
        brief wings of silence
Entombment in penetrable   liquids
quicksilver passageways
                        in which it paces
its tiger sentence
                        its condemnation
to undying light
                        or the irony
of extinguished springs behind drowsing
currents of a different light
                        Motionless clarity
waters eternally betrayed
or truncate, unroiled river
that thinking thinks only of the fish that thinks
of how to sink into air
                        into the voracious
sands of asphyxia
                        How to plunge to the depths
of the invisible waves that surround
its neutral solitude
                        on every side

Ecuación de primer grado con una incógnita

En el último río de la ciudad, por error
e incongruencia fantasmagórica, vi
de repente un pez casi muerto. Boqueaba
envenenado por el agua inmunda, letal
como el aire nuestro. Qué frenesí
    el de sus labios redondos
    el cero móvil de su boca.
    Tal vez la nada
    o la palabra inexpresable,
    la última voz
    de la naturaleza en el valle.
Para él no había salvación
sino escoger entre dos formas de asfixia.
Y no me deja en paz la doble agonía,
el suplicio del agua y su habitante.
    Su mirada doliente en mí,
    su voluntad de ser escuchado,
    su irrevocable sentencia.
Nunca sabré lo que intentaba decirme
el pez sin voz que sólo hablaba el idioma
omnipotente de nuestra madre la muerte.

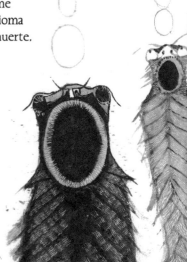

Equation to the First Degree,
with Unknown Quantity

In the city's last river, through error
or spectral incongruity, suddenly
I saw a dying fish. It was gasping,
poisoned by filthy water as lethal as
the air we breathe. What frenzy in
    the ring of its lips
    the gaping zero of its mouth.
    Nothingness perhaps,
    word beyond expression,
    the last voice
    of nature in the valley.
The fish's only recourse was
a choice between asphyxias.
That double agony haunts me,
the dying water and its habitant:
    its doleful eyes on me,
    its will to be heard,
    its irrevocable sentence.
I will never know what it tried to tell me,
that voiceless fish that spoke only the
omnipotent language of our mother, death.

Elefantes marinos*

Miden generalmente cinco metros de largo
Tienen los ojos grandes y brillantes
Dulces como los ojos de un animal nocturno
Forma manadas   Viven
en cavernas marinas
Aparecen inmóviles:
Grandes rocas negruzcas
amarillentos
        sucios
             pesadamente informes
Pertenecen al orden
de los pinnípedos
Familia de los fócidos
Nombre científico:
             Mirounga angustirostris

*Recortado de Fauna mexicana por Juan B. Salazar, Contemporáneos 1929.

Elephant Seals*

Normally, they measure five meters in length
They have large brilliant eyes
gentle as those of a nocturnal mammal
They form herds   They live
in marine caves
They seem motionless:
Large, dirty tan,
blackened
       rocks
           heavily misshapen
They belong to the order
of the pinnipeds
Family of Phocidae
Scientific name:
         Mirounga angustirostris

*Clipped from Fauna mexicana by Juan B. Salazar (Contemporáneos 1929)

El pulpo

Oscuro dios de las profundidades,
helecho, hongo, jacinto,
entre rocas que nadie ha visto, allí en el abismo,
donde al amanecer, contra la lumbre del sol,
baja la noche al fondo del mar y el pulpo le sorbe
con las ventosas de sus tentáculos tinta sombría.
Qué belleza nocturna su esplendor si navega
en lo más penumbrosamente salobre del agua madre,
para él cristalina y dulce.
Pero en la playa que infestó la basura plástica
esa joya carnal del viscoso vértigo
parece un mostruo; y están matando
/a garrotazos/ al indefenso encallado.
Alguien lanzó un arpón y el pulpo respira muerte
por la segunda asfixia que constituye su herida.
De sus labios no mana sangre: brota la noche
y enluta el mar y desvanece la tierra,
muy lentamente mientras el pulpo se muere.

Octopus

Dark god of the deep,
fern, mushroom, hyacinth
among rocks unseen by man, hidden in the abyss
where at dawn, against the fire of the sun,
night falls to the bottom of the sea where the octopus
absorbs its murky ink through the suckers of its tentacles
Radiant, nocturnal beauty, it pulses
through the caliginous brine of mother waters
it perceives as fresh and crystalline.
But on the beach contaminated by plastic garbage
that fleshy jewel of viscous vertigo
is a monster . . . and people are killing it,
clubbing the beached, defenseless creature.
Someone hurls a harpoon and the octopus breathes death
through the wound, a second suffocation.
No blood flows from its mouth but night spews out,
mourning darkens the sea, obscures the earth,
as slowly, slowly, the octopus dies.

Ballenas

Grandes tribus flotantes
  migraciones
áisbergs de carne y hueso
  islas dolientes

Suena en la noche triste
  de las profundidades
su elegía y despedida
  porque el mar
fue despoblado de ballenas

Sobrevivientes de otro fin de mundo
  adoptaron la forma de los peces
sin llegar a ser peces

Necesitan salir a respirar
  cubiertas de algas milenarias
y entonces
  se encarniza con ellas la crueldad
del arpón explosivo

Whales

Large floating tribes
   migrations
icebergs of flesh and blood
   doleful islands

Through the sad night of the deep
   resounds
their elegy and farewell
   because the sea
has been dispossessed of its whales

Survivors from a different apocalypse
   they adopted the shape of fish
without becoming like them

They must surface to breathe
   covered with millenary algae
and then
   the cruel, explosive harpoon
gluts itself on them

Y todo el mar se vuelve
un mar de sangre
mientras las llevan al destazadero
para hacerlas lipstic
jabón   aceite
alimento de perros

Sus ojos son los párpados del alba
De sus narices sale humo
como de olla o caldero que hierve
En su cerviz está la fuerza
*y delante se esparce el desaliento**

*Job, 41:18-22.

And all the sea becomes
　　a sea of blood
as they are towed to the factory ship
　　to make lipstick
　　soap　　oil
　　and dog food

His eyes [are] like the eyelids of the morning.
　　Out of his nostrils goeth smoke,
like that of a pot heated and boiling.
　　In his neck strength shall dwell,
and want goeth before his face. *

*Based on Job 41:18-22 (King James version).

La sirena

En el domingo de la plaza la feria
y la barraca y el acuario con tristes
algas de plástico fraudulentos corales

Cabeza al aire la humillada sirena
acaso hermana de quien cuenta su historia
Pero el relato se equivoca:
De cuando acá
las sirenas son monstruos
o están así por castigo divino

Más bien ocurre lo contrario
Son libres
son instrumentos de poesía

Lo único malo es que no existen
Lo realmente funesto es que sean imposibles

The Siren

Sunday in the plaza, the fair
the shack and the large tank with limp
plastic seaweed and fake coral

Head above the water, a humiliated siren,
perhaps the sister of the man telling her story
But he must be mistaken
   Since when
are sirens monsters,
as they are by punishment of the gods?

More likely the opposite is true
   They are free
they are instruments of poetry

The sad thing is, they do not exist
The true tragedy, that they are inconceivable

De aire
Air

3 y 5

Todas las tardes a las tres y cinco
llega hasta el patio un pájaro.
¿Qué busca? Nadie lo sabe.
No alimento: rehúsa
cualquier migaja.
Ni apareamiento:
está siempre solo.
Tal vez por la simple inercia de contemplarnos
siempre sentados a la mesa a una misma hora,
poco a poco se ha vuelto como nosotros
    animalito de costumbres.

Every afternoon at five after three
a bird comes to our patio.
Looking for . . . what? No one knows.
Not food: it rejects
the slightest crumb.
Not a mate:
it always is alone.
Maybe from simple inertia, from watching us
at the table, always at the exact same time,
it gradually has become, like us,
     a creature of habit.

Un gorrión

Baja a las soledades del jardín
y de pronto lo espanta tu mirada
Y alza el vuelo sin fin
Alza su libertad amenazada

Sparrow

In our quiet garden, it alights
but suddenly startled by your gaze
takes wing, rising in unbounded flight
preferring its liberty to our maze

Augurios

Hasta hace poco me despertaba un rumor de pájaros. Hoy he descubierto que ya no están. Han acabado estas señales de vida. Sin ellos todo aparece más lúgubre. Me pregunto si los ha matado el estruendo, la contaminación o el hambre de los habitantes. O tal vez los pájaros comprendieron que la ciudad de México se muere y levantaron el vuelo antes de nuestra ruina final.

Augury

Until just recently I was awakened by the sound of birds.
Today I realized they're no longer there. Those signs of life
are gone. Without them, things seem much drearier. I
wonder what may have killed them—pollution? noise?
starving city dwellers? Or maybe the birds realized that
Mexico City is dying, and have flown away before the
final ruin.

Los pájaros

La primera impresión de Veracruz en mi infancia
fue aquella densa marejada:
negras aves que parecían traer la noche en sus alas
—Se llaman pichos—me dijeron
Deben ser tordos o zanates o alguna variedad semejante
Aunque el nombre no importa: lo perdurable
era la oscura garrulería el temor
la indisciplina misteriosa con que los pájaros
iban cubriendo—grandes gusanos o langostas—los árboles
Bajaban como aerolitos de las cornisas y los cables eléctricos
inerme multitud que intenta en vano rechazar la
    catástrofe

El crepúsculo ahogado de calor se extinguió
lumbre ya sin rescoldo
                    en las altas frondas
También el cielo fue un ave negra
e inesperadamente se posó el silencio en el aire
Entramos
            en el hotel después del largo viaje
Mi abuelo
            compró el periódico de México
y me leyó noticias de aquella bomba
de aquel lugar de extraño nombre remoto
de aquella muerte que descendió como la noche y los pájaros
de aquellos cuerpos vivos arrasados en llamas

The Birds

My earliest memory of Veracruz
is that heavy groundswell:
black birds that seemed to carry night on their wings
"They're called *pichos*," someone told me
They must have been starlings or grackles, or of that feather
The name, though, doesn't matter: what I remember
is the dark garrulousness, the fear,
the mysterious randomness of the way in which the birds,
like giant worms or locusts, obscured the trees.
They fell like meteorites from cornices and power lines
an unarmed throng attempting vainly to stem the tide of
    catastrophe

The twilight, suffocated, faded and died
ashes of a lifeless fire
                              high in the branches
The sky itself was a dark bird
as unexpectedly silence settled in the air
We checked into
                    the hotel after the long journey
My grandfather
                    bought the Mexico City newspaper
He read me the news of that bomb
of that place with the strange, faraway name
of that death that descended like the night and the birds,
of those living bodies snuffed out in the flames

Biología del halcón

Los halcones son águilas domesticables
Son perros
de aquellos lobos
Son bestias de una cruenta servidumbre

Viven para la muerte
Su vocación es dar la muerte
Son los preservadores de la muerte
y la inmovilidad

Los halcones   verdugos policías
Con su sadismo y servilismo ganan
una triste bazofia compensando
nuestra impotente envidia por las alas

Biology of the Falcon*

Falcons are eagles that can be tamed
They are dogs
to those wolves of the air
They are creatures of a bloody servitude

> They live for death
> Their vocation is to mete out death
> They are the custodians of death
> and torpor

Falcons   police hitmen
Sadism and servility earns them
only miserable scraps: some amends for
our impotent envy of wings

*Translator's note: Written in 1967, this zoological poem
involuntarily acquired, four years after the fact, a political
content when in 1971 a dreaded police division called *halcones*,
falcons, appeared in Mexico City.

El búho

El ojo inmóvil
pez de tierra firme
irradiando en la noche su fijeza
La garra desasida para el vuelo
Las uñas que se adentran a la carne
El pico en punta para el desgarramiento

¿De cuál sabiduría puede ser símbolo
sino de la rapiña el crimen el desprecio
Todo lo que hizo tu venerada gloria
Occidente?

The Owl

Unblinking eye,
fish of *terra firma*
radiating steadfastness through the night
Grasp released for flight
Claws that dig into living flesh
Hooked beak for dismembering the prize

What wisdom can it symbolize?
Plunder, crime, contempt?
All that constitutes the venerated glory
of the West?

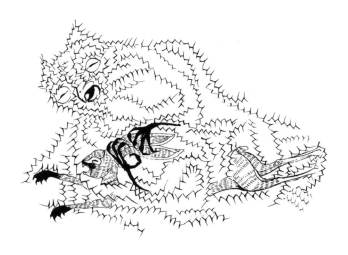

Zopilotes

No es una injuria al reino de las aves
Tampoco aberración o falla natural
perpetuada
        por mera inercia evolutiva

Al arte por el arte del pavorreal o del faisán
corresponde
        su equivalente utilitario
(La belleza
        está en el ojo de quien la contempla
y es cuestión relativa)

Viéndolo puedes lamentar su asimetría
el color apagado y más bien luctuoso
Y la no menos plúmbea repugnancia
de su moco de pavo (Todo él
aun sin la papada se diría
un guajolote incomestible)

Concedamos que es feo como el diablo
(¿Alguien ha visto al diablo?)
y que sucita el odio más despiadado
(Es común apedrearlos y he visto niños
que practicaban para ser verdugos)

The Buzzard

It is not an affront to the kingdom of the birds
an aberration or natural flaw
perpetuated
             through mere evolutionary inertia

The art for art's sake of the peacock or pheasant
balances
             the buzzard's utility
(Beauty
        is in the eye of the beholder
and is only relative)

Seeing it you may lament its lack of symmetry
the dull and rather mournful color
the no less weighty repugnance
of its turkey comb (Even without
the obscene neck you might think of it
as an inedible turkey)

We concede that it is ugly as the devil
(Has anyone ever *seen* the devil?)
and that it provokes the most pitiless loathing
(It is common to stone buzzards; I've seen children
practicing to be executioners)

Pero sin esta variante regional
del buitre tan infamado por la retórica
sin este "aura tiñosa" o "gallinazo"
—con tales nombres se le injuria—
¿Qué hubiera sido
                    de los lugares pobres
frecuentados
             por la fiebre amarilla
y otras plagas
             de los *tristes tropiques?*

Los zopilotes
             fueron nuestras brigadas de reciclaje
Ahora se han acabado los zopilotes:
la basura está a punto de ahogar al mundo

But without this regional variant
of the vulture so defamed by rhetoric,
without this "turkey buzzard" or "carrion eater"
—with such names is it insulted—
what would have become
                          of the accursed regions
visited
              by yellow fever
and other plagues
              of the *tristes tropiques?*

Buzzards
        were our recycling brigades
And now that buzzards are extinct
garbage is about to engulf the world

Indagación en torno del murciélago

Los murciélagos no saben una palabra de su prestigio literario.

Con respecto a la sangre, les gusta la indefensa de las vacas
útiles señoronas incapaces de hacer un collar de ajos, blandir
un crucifijo que los aterre o clavarles una estaca en el
pecho;

pues tan sólo responden a la broma sangrienta, al beso impuro
(transmisor de la rabia y el derrengue, capaz de aniquilar al
matriarcado)

mediante algún pasivo coletazo que ya no asusta ni siquiera a
los tábanos.

Venganza por venganza, los dueños del ganado se
divierten crucificando al bebedor como si fuera una huraña
mariposa excesiva.

El murciélago acepta su martirio y sacraliza el acto de fumar el
cigarrillo que indecorosamente cuelgan de su hocico, y en
vano trata de hacer creer a sus perseguidores que han
mojado sus labios con vinagre.

Oí opinar con suficiencia que el murciélago es un ratón alado,
un deforme, un monstruito, un mosquito aberrante, como
aquellas hormigas un poco anómalas que rompen a volar
anunciando las lluvias.

48

Investigation on the Subject of the Bat

Bats know not a word of their literary reputation.

In regard to blood: they like the defenselessness of available,
decorous cows incapable of fashioning a garlic necklace, of
brandishing a crucifix to quell them, or of driving a stake
into their hearts,

bovines that respond to the bloody joke, to the tainted kiss
(transmitter of the rabies and foot rot that could annihilate
the matriarchy)

with a passive flick of the tail that wouldn't scare a fly.

An eye for an eye, ranchers amuse themselves by crucifying
the imbiber as if it were an excessively unsociable
butterfly.

The bat accepts its martyrdom and ritualizes the act of
smoking the last cigarette unceremoniously thrust into its
snout, vainly attempting to convince its persecutors its lips
have been moistened with vinegar.

I've heard it smugly stated that the bat is a mouse with wings,
a blot on the landscape, a tiny monster, or an aberrant
mosquito, like the slightly anomalous ants that swarm
before a rain.

Algo sé de vampiros, aunque ignoro todo lo referente a los
murciélagos. (La pereza me impide comprobar su renombre
en cualquier diccionario.)

Obviamente mamífero, prefiero imaginarlo como un reptil
neolítico hechizado, detenido en el tránsito de
las escamas al plumaje, en su ya inútil voluntad de
convertirse en ave.

Por supuesto es un ángel caído y ha prestado sus alas y su traje
(de carnaval) a todos los demonios.

Cegatón, odia al sol. Y la melancolía es el rasgo que define su
espíritu.

Arracimado habita las cavernas (rumor rasante de su vuelo en
tinieblas) y hace mucho conoce los deleites e infiernos de
ser un rostro anónimo en la masa.

Es probable que sufra de aquel mal llamado por los teólogos
acidia

—tanto ocio engendra hasta el nihilismo—y no parece
ilógico que gaste sus mañanas meditando en la profunda
vacuidad del mundo,

espumando su cólera, su *rabia* ante lo que hemos hecho de su
especie.

Ermitaño perpetuo, vive y muere de pie y hace de cada cueva
su Tebaida.

I know a little about vampires, although nothing that relates
to bats. (Laziness prevents me from verifying their renown
in some encyclopedia.)

It is obviously mammiferous, but I prefer to think of the bat
as a bewitched neolithic reptile interrupted in transition
between scales and feathers, in its now-thwarted desire to
become a bird.

It is, of course, a fallen angel, and has lent its wings and
costume to the legion of devils.

Blind (as we know what), it loathes the sun. And melancholy
is the primary note in its disposition.

Clumped in clusters, it inhabits caverns (silky sound of flight in
the darkness) and eons ago learned the delights and hell of
being an anonymous face in the crowd.

It is probable that it suffers from that illness theologians call
accidie—

such indolence may engender nihilism—and it is not illogical
to think it spends its mornings musing on the profound
inanity of the world,

foaming its anger, its rabid rage, at what we have done to its
species.

Perpetual hermit, it lives and dies without reclining, and
makes every cave its Thebaid.

Así, lo confinamos en el mal porque comparte la fealdad viscosa, el egoísmo y vampirismo humanos. Recuerda nuestro origen cavernario y tiene una espantosa sed de sangre.

No quiere ver la luz: sabe que un día hará arder en cenizas la caverna.

And so, we consign the bat to the realm of evil because it
shares the viscous ugliness, egoism, and vampirism of
humankind. It recalls our origin in the cave, and has a
frightening thirst for blood.

It does not want to see the light: it knows that one day light
will incinerate the cavern.

Mosquitos

Nacen en los pantanos del insomnio.
Son negrura afilada que aletea.
Vampiritos inermes,
                    sublibélulas,
pegasitos de pica
                del demonio.

Mosquitos

Born in the marshland of insomnia,
they are blackness, needle-sharp and winged.
Frail vampires,
                sub-dragonflies,
a light brigade
                with devil's pitchforks.

Las moscas*

Mientras yo sobre ti
tú sobre mí
los dos al lado
dos alados insectos se persiguen

Obscenamente sobrevuelan el lecho
miran zumbonas o tal vez excitadas

Para él sin duda no eres la más hermosa y deseable

(Tal un lirio entre las espinas
es su mosca entre muladares
Los contornos de su trompa son como joyas
Como púrpura real sus vellosidades)

¿Despreciarán
sus ojitos poliédricos nuestros cuerpos
nuestras torpes maniobras
nuestros brazos que no son alas?

*Con disculpas a Salomón: *Canatares* 2:2, 7:1 y 6:10.

Flies*

While I am upon you
you upon me
lying side by side
two (f)lying insects chase each other

Obscenely, they drone above the bed,
stare, all abuzz, perhaps excited

But to him, the most beautiful and desirable is not you

(As the lily among thorns
is his lady fly among the dung heaps
The contours of her proboscis are like jewels
Like the purple of the king her pubescence)

Do their
polyhedral eyes scorn our bodies
our clumsy movements
our arms that are not wings?

*With apologies to the Song of Solomon 2:2, 7:1, and 6:10.

Y juntas se levantan como la aurora
grandiosas como ejércitos en batalla

Han puesto de cabeza el rastrero infierno
y se adueñan al fin de su cielo raso

Bocabajo
seguramente jadeantes
colgadas de las patas sobre el abismo

Y hacen lo suyo sin pensar en la muerte

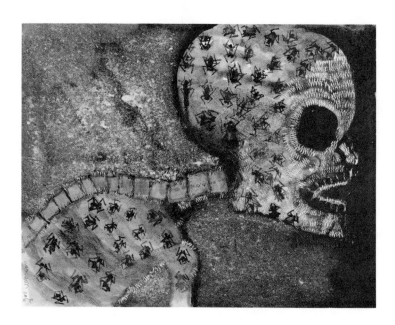

(Together they look forth as the morning
as terrible as an army with banners)

They have turned hell on its head
found their heaven on the ceiling

Upside down
panting surely
hanging by their feet above the abyss

They do their thing without a thought of death

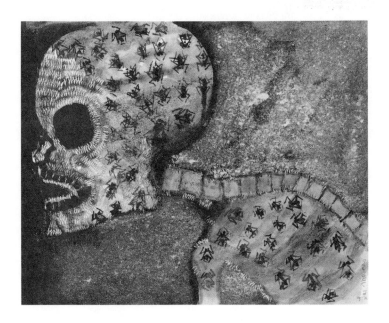

Antipostal de Río de Janeiro

Las polillas atentan contra la propiedad
Son enemigas de lo establecido
Son planetas errantes en redor
de un sol hipnótico de incandescencias mortales

Las polillas más grandes que he visto nunca
morían de calor en el Corcovado
mirándome con inmensos ojos dolientes

No fue para ellas la hermosura de Río
sino el hambre el horror y la tortura

Tan sólo ven la piedra que calcina
—y este mundo que acaba

Anti-Postcard from Rio de Janeiro

Moths attempt crimes against property
They are enemies of the status quo
Errant planets around
a hypnotic sun of deadly incandescences

The largest moths I have ever seen
were dying in the heat of El Corcovado
gazing at me with enormous eyes of pain

Not for them the beauty of Rio
only hunger   horror   torture

They see only white-hot rock
—and this world, ending

Cocuyos

En mi niñez descubro los cocuyos
(Sabré mucho más tarde que se llaman luciérnagas)

La noche pululante del mar Caribe
me ofrece el mundo como maravilla
y me siento el primero que ve cocuyos

¿A qué analogo lo desconocido?
Las llamo estrellas verdes a ras de tierra
lámparas que se mueven faros errantes
hierba que al encenderse levanta el vuelo

Cuánta soberbia en su naturaleza
en la inocente fatuidad de su fuego

Por la mañana indago: me presentan
ya casi muerto un triste escarabajo

Insecto derrotado sin su esplendor
el aura verde que le confiere la noche
luz que no existe sin la oscuridad
estrella herida en la prisión de una mano

Lightning Bugs

In my childhood I discover lightning bugs
(I will learn much later they're called fireflies)

The teeming Caribbean night
offers me a wondrous world
I feel I am the first to witness glow-worms

To what can I compare the unknown?
I call them green stars skimming earth
lamps with wings, mobile lighthouses
grass that ignites and flies away

What arrogant pride in their nature
in the innocent fatuousness of their fire

Come morning I investigate further: I am shown
a nearly lifeless, pitiful beetle

A quenched insect devoid of radiance,
of the green aura night confers,
light that exists only in darkness—
wounded star in the prison of a hand

De tierra
Earth

El espejo de los enigmas: los monos

Cuando el mono te clava la mirada
estremece pensar si no seremos
su espejito irrisorio
y sus bufones.

Mirror of Enigmas: Monkeys

When the monkey locks you in its gaze
how staggering to think we may be but
its funhouse mirror,
we, its buffoons.

Monólogo del mono

Nacido aquí en la jaula, yo el babuino
lo primero que supe fue: este mundo
por dondequiera que lo mire tiene
   rejas y rejas.
No puedo ver nada
que no esté entigrecido por las rejas.
Dicen: Hay monos libres.
   Yo no he visto
sino infinitos monos prisioneros,
   siempre entre rejas.
   Y de noche sueño
con la selva erizada por las rejas.
Vivo tan sólo para ser mirado.
Viene la multitud que llaman gente.
Le gusta enardecerme. Se divierte
cuando mi furia hace sonar las rejas.
   Mi libertad es mi jaula.
   Sólo muerto
me sacarán de estas brutales rejas.

Baboon Babble

Born here in this cage, the first lesson
I, the baboon, learned was that
in every direction I look this world is
    bars and more bars.
Everything I see is striped
like the bars of a tiger's pelt.
They say somewhere there are free monkeys.
    I have seen nothing
but an infinity of kindred prisoners,
    always behind bars.
    At night I dream
of a jungle bristling with bars.
I live only to be stared at.
The throng they call people comes here.
They like to tease me. They enjoy it
when my rage rattles the bars.
    My freedom is my cage.
    Only dead
will I be carried outside these brutal bars.

Album de zoología

Mirad al tigre
   Su tibia pose de vanidad satisfecha
Dormido en sus laureles / gato persa
   de algún dios sanguinario
Y esas rayas / que encorsetan su fama
   Allí echadito
como estatua erigida a la soberbia
   un tigre de papel / un desdentado
tigre de un álbum de niñez / Ociosa
   en su jubilación
la antigua fiera / de rompe y rasga
   sin querer parece
el pavorreal de los feroces

A Paper Tiger

Regard the tiger
   Its cool pose of complacent vanity
Dozing on its laurels / Persian pet
   of some sanguinary god
Wearing the stripes / that rib its fame like a corset
   Lying there
like a statue erected to pride
   a paper tiger / a toothless
tiger from a children's book / Indolent
   in its retirement
the ancient beast / of fang and claw
   resembling, against its will,
the peacock of the predators

El fantasma

Entre sedas ariscas deslizándose
—todo misterio, todo erizada suavidad
    acariciante—
el insondable, el desdeñoso fantasma,
tigre sin jaula porque no hay prisión
    capaz de atajar
esta soberanía, esta soberana soberbia,
    el gato adoptivo,
el gato exlumpen sin pedigrí (con prehistoria),
deja su harén y con elegancia suprema
se echa en la cama en donde yaces desnuda.

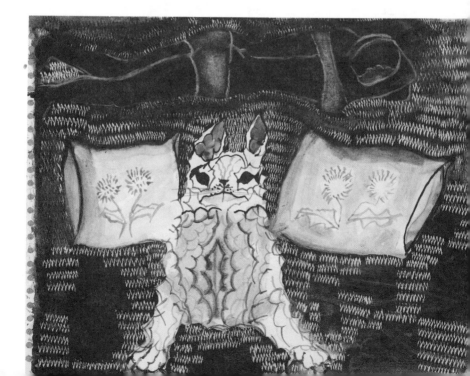

Ghost

Threading through silken surliness
—consummate mystery, total electric, smooth,
   caress—
the unfathomable, the disdainful ghost,
tiger uncaged because no prison
   can faze such pride
such sovereignty, such sovereign seignory,
   this foster cat
this exlumpen cat sans pedigree (older than history)
forsakes its harem and with unrivaled elegance
leaps onto the bed where you lie naked.

Leones

Como los cortesanos de Luis XV
huelen mal
y veneran la apariencia.

Viven de su pasada gloria, el estruendo
que en pantallas crecientes
les dio el cine.

Reyes en el exilio, no parecen
odiar el cautiverio.

Traen el *show* en la sangre.
Son glotones,
mantenidos, rentistas
que consumen
la proletaria carne de caballo.

(Otra vida de esfuerzos que termina
arrojada a los leones.)

Lions

Like the courtiers of Louis XV
they smell bad
but revere appearance.

They live on their past glory, the roar
given a forum on MGM's
movie screens.

Kings in exile, they seem not
to loathe captivity.

Show business is in their blood.
They are gluttons,
gigolos, entrepreneurs
that eat
proletarian horsemeat.

(Another life of hard work that ends up
thrown to the lions.)

Siempre que veo elefantes pienso en las guerras púnicas y especialmente en la batalla de Zama

Observa su estructura casi de templo.
Su tolerancia suele tener un límite.
Su dignidad ofendida estalla de pronto.

Pregúntaselo a Aníbal: los elefantes,
los propios elefantes cartagineses,
vencieron a Cartago.

Así pues, de no ser por los elefantes
no existiría esta página
                         (tampoco
la lengua castellana
                  ni Occidente).

Every Time I See Elephants I Think of the Punic Wars—Especially the Battle of Zama

Observe their nearly temple-like construction.
Their tolerance tends to have its limits.
Offended dignity erupts abruptly.

Ask Hannibal: elephants,
elephants themselves Carthaginian,
conquered Carthage.

You see, were it not for the elephants
this page would not exist
                          (nor
the English language
                  . . . nor the West).

Claro del bosque

A este claro del bosque acuden
año tras año los ciervos
para el apareamiento.
Nadie jamás ha visto la ceremonia sagrada.
Si alguien
quisiera perturbarla de algún modo,
el año entrante no habría ciervos.

Aquí conocen el amor los ciervos,
Aquí se reconocen los ciervos.

Y luego se dispersan.
No vuelven nunca
a este claro del bosque.

Porque su más allá recibe el nombre de muerte
que para ellos significa jaurías,
rifles de alta potencia.

In memory of Kenneth Rexroth

Forest Clearing

Year after year the deer come
    to this forest clearing
    to mate.
No one has ever seen their sacred ceremony.
    Should someone
somehow interrupt it, the next year
    there would be no deer.

Here the deer know love.
Here they come to know each other.

Then they disperse.
They never return
to this forest clearing.

Their beyond is called death,
    a word that to them means hounds
    and high-powered rifles.

Caballo muerto

Al verlo en la llanura no se diría a primera vista un cadáver
De lejos su rancia animalidad parece más bien asunto de
    sastrería o mecánica
Sus entrañas tienen brillo de cobre—cuerda rota de un
    juguete olvidado
La piel curiosamente intacta adquirió contextura de felpa
Sorprende que el cadáver no sea carroña y no se advierta
    pulular de gusanos
Pero la muerte excluye toda ambigüedad
Las cuencas vacías son (lamento la insistencia) pruebas
    palpables del vacío
grietas por las que escapa un gran vacío
Los dientes amarillos congelaron un relincho ya casi póstumo
Dentro de poco un animal nocturno vendrá inflexiblemente a
    descarnarlo

Dead Horse

Seeing it there in the flat you would not at first have said it
   was a carcass
From afar its rank animality seemed closer to something
   stuffed or mechanized
Its entrails had the sheen of copper—the broken spring of a
   forgotten toy
The curiously intact hide had acquired the texture of felt
Surprisingly the cadaver had not attracted carrion-eaters and
   no worms were working the flesh
But death denies all ambiguity
The empty eye sockets were (I regret the insistence) palpable
   proof of the void
cracks through which an enormous nothingness escaped
A posthumous whinny was congealed behind the yellowed
   teeth
Soon now a nocturnal animal will approach, implacably, to
   strip flesh from bone

Lejos de ser una tarea enfadosa, amiguitos, en la observación atenta de estos pequeñines podéis encontrar lo mismo espectáculos divertidos que grandes e involuntarias enseñanzas sobre el modo en que está organizada la pujante y progresista sociedad mexicana a la que perteneceréis de lleno mañana que seáis hombres.
Carlos Duarte M.: Entomología para uso de la niñez (1949).

Tema y variaciones: los insectos

1

El cerceris inocula al gorgojo
una sustancia paralizadora
De modo que cuando nazcan sus larvas
encuentren alimento en buen estado
e incapaz de maniobras defensivas

2

El esfex de alas amarillas ataca
al saltamontes
Abre con su aguijón tres orificios
Pone sus huevecillos en las heridas
a fin de que al nacer los esfex
se coman vivo
al prisionero que fue su tierra y su cuna

3

Cuando el macho termina de fecundarla
lo sujeta la mantis religiosa
con sus patas en forma de cizalla
Para dejarlo inmóvil lo hiere en sus ganglios

y después lo devora pieza por pieza

Far from being a tedious task, my little friends, by studiously observing these minute creatures you will discover both entertaining spectacles and incidental lessons about how a vigorous and progressive Mexican society is organized, a world in which you will play a major role once you are men.
Carlos Duarte M.: Entomología para uso de la niñez (1949) ▬▬▬▬

Theme and Variations: Insects

1

The *cerceris* innoculates the grub
with a paralyzing substance
so that when it gives birth to its larvae
they will find ample food
incapable of defensive action

2

The yellow-winged *esfex* attacks
the grasshopper
It opens three orifices with its stinger
lays its tiny eggs in the wounds
so when new *esfexes* are born
they eat alive
the prisoner that was their world and cradle

3

After being fertilized by the male
the praying mantis clutches him
in claws like shears
To immobilize him with a single bite

then devours him, bit by bit

Los grillos
(defensa e ilustración de la poesía)

Recojo una alusión de los grillos:
su rumor es inútil,
no les sirve de nada
entrechocar sus élitros.

Pero sin la señal indescifrable
que se transmiten de uno a otro,
la noche no sería
(para los grillos)
                    noche.

Crickets
(Defense and Illustration of Poetry)

I borrow an allusion from crickets:
their song is useless,
it serves no purpose
this sonorous scraping of wings

But without the indecipherable signal
transmitted from one to another
the night would not
(to crickets)
        be night.

Indulto

Soy magnánimo. Acabo de vencer el instinto y resistir a la
bestia que llevo a todas partes encadenada. Inferí una
derrota al impulso de cazador que dejó en mi sangre la
horda ancestral. Vi una cucaracha que paralizada de terror
me observaba, en vez de huir como dicta su especie.
Cuando iba a pisotearla—lo hago siempre—su miedo me
detuvo. Dejé que continuara su camino.

Full Pardon

I am magnanimous. I have just curbed my instincts and
withstood the beast chained to me I carry everywhere I
go. I sense a defeat for the hunting instinct instilled in my
blood by ancestral hordes. I saw a cockroach that instead of
fleeing, as dictated by the rules of its species, stared at me,
paralyzed with terror. Just as I was about to crush it
beneath my foot—as I always do—I was stopped by its
fear. I let it go on its way.

Obra de arte

Por su luz invisible baja la araña
y deslumbrado ante su perfección artística
    respondes
con un hilo de baba
que no es flexible ni tampoco sirve
    para subir al cielo

Tanta paciencia y tanta perfección
    en vano

Porque la escala fue también sudario
y su obra una red para atrapar
la intolerante suela del zapato

Work of Art

The spider slips down its invisible light
and dazzled before its artistic perfection
    you respond
with a thread of saliva
that is neither supple nor practical
    for climbing toward the sky

All that patience and perfection
    for nothing

Because the ladder was also a shroud
the spider's work a net to entangle
the intolerant sole of a shoe

La máquina de matar

La araña coloniza lo que abandonas. Alza su tienda o su
palacio en tus ruinas. Lo que llamas polvo y tinieblas para la
araña es un jardín radiante. Gastándose, erige con la materia
de su ser reinos que nada pueden contra la mano. Como los
vegetales, crecen sus tejidos nocturnos: morada, ciudadela,
campo de ejecuciones.

Cuando te abres paso entre lo que cediste a su dominio
encuentras el fruto de su acecho: el cuerpo de un insecto,
su cáscara suspendida en la red como una joya. La araña le
sorbió la existencia y ofrece el despojo para atemorizar a
sus vasallos. También los señores de horca y cuchillo
exhibían en la plaza los restos del insumiso. Y los nuevos
verdugos propagan al amanecer, en las calles o en las
aguas envenenadas de un río, el cadáver deshecho de los
torturados.

Killing Machine

The spider spins a colony in what you abandon. It builds its
tent or palace in your ruins. What you call dust and
darkness is for the spider a radiant garden. Expending itself,
it builds with the matter of its being kingdoms defenseless
before our hand. Like plants, its nocturnal weavings grow:
dwelling, citadel, the killing fields.

When you make your way through what you yielded to its
dominion you find the fruit of its ambush: the body of
an insect, its shell suspended like a jewel in the net. The
spider has sucked out the insect's life and displays the
spoils to terrorize its vassals. This is how lords of gallows
and blade exhibited in the plaza the renegade's remains.
And how more recent executioners multiply at dawn,
in streets or polluted rivers, the battered corpses of the
tortured.

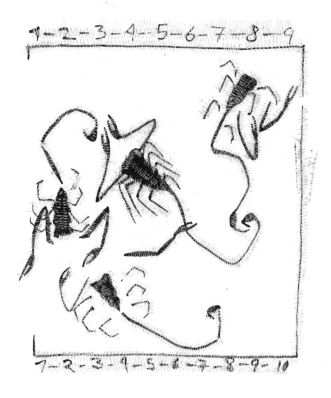

Escorpiones

El escorpión atrae a su pareja
y aferrados de las pinzas se observan
durante un hosco día o una noche
anterior a su triste cópula.
Y al término
del encuentro nupcial
sucumbe el macho
y es devorado por la hembra
—la cual (dijo el Predicador)
es más amarga que la muerte.

The scorpion attracts its mate
and, prior to their mournful copulation,
pincer in claw, they observe each other
throughout a dreary day or night.
At the end
of the nuptial encounter
the male succumbs
and is devoured by the female
—who (the Preacher said)
is more bitter than death.*

*Ecclesiastes 7:26–27.

Hormigas

Las hormigas que van y vienen por el sendero bajo la hierba
con sus inmensas cargas solidarias su voluntad constructora
su disciplina ciega

no se preguntan para qué han nacido cuál es el objeto de sus
afanes la justificación de su fatiga

son libres porque no tienen yo carecen de ambiciones
individuales y no les importa mucho el peso del tiempo

saben que están aquí porque siempre hubo hormigas y deben
continuar su camino contra el veneno y contra el pisoteo
con el único objeto de que este mundo no se vuelva otro
lugar desierto y sin hormigas

Antomology

The ants scurrying back and forth along a path beneath the
grass with their enormous communal burdens their drive
to construct their blind discipline

never ask why they were born what is the object of their
labor the justification for their fatigue

they are free because they have no ego they lack individual
ambition and are little bowed by the weight of time

they know they are here because there have always been ants
and they must continue along life's path undaunted by
poison or trampling feet and with a single objective: that
this world not become another antless desert

Recuerdos entomológicos (1982)

En marzo aparecieron las hormigas.
No unas cuantas—voraces y puntuales,
parte del mundo como siempre—sino
millones y millones en columnas vibrantes
por todas las bodegas de este país. Arrastraron
al fondo de sus ciegos pasadizos
hasta un grano de sal o cualquier cosa mínima
que antes hubieran rechazado.

No es pensamiento mágico: se trata
de un sentido que aún no descubrimos.
Como otros animales se anticipan
a terremotos y desbordamientos,
en vísperas de crisis y escaseces
se multiplican las hormigas, cargan
con cuanto pueda preservar su especie.

Desprécialas si quieres, o extermínalas:
    No las acabarás.
Han demostrado ser sin duda alguna
mucho más previsoras que nosotros.

Let Us Now Praise Wise Ants (1982)

In March the ants appeared.
Not just a few—voracious and punctual,
part of the normal world—but
millions and millions in rippling columns
in every pantry in Mexico. They dragged
to the depths of their dark passages
the least grain of salt, any minute crumb
that once they would have scorned.   ,

This was not magic: theirs is merely
a sense we have yet to discover.
Like other creatures they anticipate
earthquakes and floods,
on the eve of crises and shortages
ants multiply, carting off
all they can to save their species.

Despise them if you will, exterminate them:
    You will not eliminate them.
They have proved beyond a shadow of doubt
that they have far more foresight than we.

Live bait

¿Cuántos minutos faltan todavía
para que descomience lo empezado?

Live bait:
descoloridas letras de neón en la noche.
Rumor de arroyo y cascada.
Olor de comida.
Sólo este idioma
distingue (cruel) entre un pez y un pescado.

Live bait:
grandes campos de lodo y en el lodo
se multiplican las lombrices.
Cavan (y no lo saben) para airear la tierra.
Viven (y no lo saben) para servir de carnada.

Aquí venden lombrices: tres veinticinco la docena.
Jack Köning da un trago a su licor (mortal)
y fuma su tabaco (mortífero).

Live bait:
las letras que se encienden y apagan,
ocultan, descubren
nuestra efímera cara.

Live Bait

How many minutes are left
to undo what's been begun?

Live bait:
faded neon letters in the night.
The sound of stream and waterfall.
The smell of food on the air.
Only Spanish distinguishes (cruelly)
between *pez* and *pescado:* fish and catch.

Live bait:
large fields of mud and in the mud
worms multiply.
They burrow (unknowingly) to aerate the earth.
They live (unknowingly) to serve as bait.

"Worms sold here: $3.25 a dozen."
Jack Köning takes a pull at his bottle (fatal)
and smokes his tobacco (lethal).

Live bait:
the letters flash off and on,
hiding and revealing
our ephemeral faces.

"Pago lo que me como y la pocilga en que vivo
con lo poco que gano," dice Jack Köning,
"recogiendo lombrices: mil por hora,
hasta diez mil ciertos días. Las pobres
agusanadas color carne.
Mejor no hablar de lo que me recuerdan
    agitándose
en los bolsillos que cubro
de aserrín para absorber lo viscoso
de mis amigas, mis servidoras, mis víctimas.
Soy como ellas: el patrón me deja
tan sólo diez centavos por docena."

Live bait: carnada viviente.

Me ilustra Jack: "Hay dos clases:
Bloodworms que por su abundancia
no valen mucho, y *Nightcrawlers*,
la aristocracia en su género."

Bloodworms: gusanos de sangre.
Nightcrawlers: los que reptan de noche.

El doctor Freud y el doctor Job
desde la muerte aplauden a este maestro de vida.
Köning resume
sus enseñanzas y experiencias

2

"I pay for what I eat and the shack I live in,"
says Jack Köning, "with the little I earn
from collecting worms: a thousand an hour,
some days, up to ten thousand. Poor
buggers, like raw meat.
Best not to say what they remind me of
    wiggling
in pockets I fill
with sawdust to soak up the slime
of my friends, my servants, my victims.
I'm no better than them: the boss gives
me only ten cents a dozen."

Live bait: *carnada viviente.*

Jack enlightens me: "There are two kinds:
Bloodworms, which are so plentiful
they're not worth much, and nightcrawlers,
the aristocracy of worms."

Bloodworms: *gusanos de sangre.*
Nightcrawlers: *los que reptan de noche.*

3

From death, the Doctors Freud and Job
applaud this teacher of life.
Köning sums up all
his learning and experience

al llamarnos así: gusanos de sangre
que se afanan y reptan por la noche.

Y eso que las lombrices no hacen la guerra,
no hablan de amor
ni destruyen el mundo para ser ricas y fuertes.

Los peces no torturan.
No cobran nunca
intereses sus bancos.
Como son muchos
son incapaces de mentir y engañar.

Y las lombrices no traicionan a nadie
ni se creen nada.
No se sabe que opriman a otras lombrices.

Clavados
en el anzuelo y también agitándonos,
todos nosotros esperamos, *live bait*,
que muerda el pez y moriremos unidos.
El enemigoaliado \ verdugovíctima.
Qué solidaria es la derrota.
Qué mutualismo engendra la catástrofe.
Qué ocupación tan minuciosa
la del odiado en el odiante.

Alguien se beneficia con todo esto.
Alguien que a su vez será pescado por otro
y tampoco lo sabe.

in their names: bloodworms
toiling and crawling through the night.

And yet worms do not wage war,
they do not speak of love
or ravage the world to become rich and powerful.

Fish do not inflict torture.
Their schools are not
closed to the masses.
Being so populous
they are incapable of lying or deceit.

And worms betray no one,
they have no pretenses.
They are not known to oppress other worms.

Impaled
on the hook, ourselves wiggling,
each of us, live bait, waits for
the fish to strike and both of us to die.
Enemyally/executionervictim.
How unifying is defeat.
What communality catastrophe engenders.
How intently is the hater
possessed by the hated.

Someone benefits from all this.
Someone whose turn will come to be another's catch,
he, too, unknowingly.

4

"Cavan el suelo en busca de frescura.
Sólo quieren vivir tranquilas.
Después de la lluvia
salen a respirar y encuentran mi lámpara,"
prosigue Jack, "y la cubeta que lleva
a su prisión y exterminio
las lombrices incautas como las truchas."

Incautas no nada más las lombrices y truchas.
Desde el punto de vista de otras galaxias
somos tal vez
peces en el mar de aire, el *maraire;* lombrices
que perforan la tierra, el planeta Tierra.

5

Nadie se burle de los primitivos
pues no se dejan retratar
para que no les roben el alma.
Los primitivos modernos llamamos dioses
a los gigantes invisibles (destino, historia)
que se divierten pescándonos.

Yo (que soy tú si te ha enganchado esta línea)
salgo de mi agujero, muerdo el anzuelo
que prometía placer o poder o consuelo o dicha
—o simplemente paz, nirvana, olvido.
Y estoy aquí debatiéndome.

4

"They dig down in the ground hoping to get cool.
All they want is to be left alone.
After a rain
they come up for air and find my lantern,"
Jack continues, "and the pail that carries them
to their prison and extermination:
worms are dumb as trout."

Not just worms and trout are dumb.
Viewed from other galaxies
we may appear to be
fish in a sea of air, the *airsea:* worms
aerating the earth, the planet Earth.

5

Let no one belittle primitive peoples
who refuse to have their pictures taken
for fear of losing their soul.
We modern primitives make gods
of invisible giants (fate, history)
whose sport is fishing for us.

I (who am you if you've been hooked by this line)
wriggle out of my hole, bite the hook
promising pleasure or power or solace or happiness
—or simply peace, nirvana, oblivion.
Now here I am, thrashing it over.

Como me han engañado. Qué tonto fui
al suponerme distinto
de mis hermanas las lombrices,
mi hermano el pez (el odiante:
lo que respiro a él lo asfixia).

Live bait, live bait: todos hijos
de nuestra inmisericorde madre la vida
que se alimenta de muerte.
O de la madre muerte que se alimenta de vida:
una de dos o las dos son la misma.

Live bait nosotros también,
los encarnados para ser carnada.
Lombrices pensantes
a quienes programaron con lenguaje y conciencia
para reflexionar en su desdicha.

Y no obstante,
creo en ti,
enigma de lo que existe;
terrible, absurda, gloriosa vida
que no cambiamos (ni en el anzuelo) por nada.

How they have deceived me. What a fool I was
to think I was different
from my sisters the worms
or my brother the fish (who hates me:
what I breathe suffocates him).

Live bait, live bait: all children
of our merciless mother life,
who feeds upon death.
Or of our mother death who feeds on life:
one of the two, or both the same.

Live bait, we, too,
baited to be bait.
Thinking worms
programmed with language and consciousness
so we may reflect on our misfortunes.

Yet
I believe in you,
enigma of all that exists;
terrible, absurd, glorious life
we would not exchange (even on the hook) for anything.

Jabalí: cerdo salvaje

Dardo del jabalí:
lo lleva clavado
en el testuz furibundo
mientras se aleja sin ninguna esperanza
por el bosque reguero de su agonía.

Entre los belfos
sus otros dardos
se estremecen desoladoramente sin alas.

Gran frustración
no poder a su vez clavarlos
con arco o rifle
en el testuz furibundo
de los cerdos salvajes que lo han matado.

Boar: Wild Pig

A wild boar, a dart:
the dart is embedded
   in the crown of a frenzied head;
the boar bolts, hopelessly,
sprinkling the forest with its dying blood.

In snout and cheeks
   other darts quiver
like desperate, wingless birds.

Indescribable frustration:
not in turn to take aim
   with bow or rifle
   and plug the frenzied heads
of the wild pigs that have murdered him.

Preguntas sobre los cerdos e imprecaciones de los mismos

¿Por qué todos sus nombres son injurias?
Puerco marrano cerdo cochino chancho.
Viven de la immundicia; comen, tragan
(porque serán comidos y tragados).

De bruces y de hinojos roe el desprecio
por su aspecto risible, su lujuria
sus temores de obsceno propietario.

Nadie llora al morir más lastimero,
interminablemente repitiendo:
y pensar que para esto me cebaron.
Qué marranos qué cerdos qué cochinos.

Does any animal give more of itself?
Jovellanos

━━━━━

Questions about Pigs and Curses Visited upon the Aforementioned

Why are all their names insults?
Pig swillguzzler hog porker swine.
They live off slop; they pig out
(because they will be pigged out upon).

On their bellies or their hocks, scorn gnaws at them
their ludicrous appearance, their lechery
their fear of obscene proprietors.

Dying, no one screams more piteously,
echoing interminably:
and to think, this is why they fattened me.
What pigs, what filthy slobs, what swine.

Cerdo ante Dios

Tengo siete años. En la granja observo
por la ventana a un hombre que se persigna
y procede a matar un cerdo.
No quiero ver el espectáculo.
Casi humanos, escucho
alaridos premonitorios.
(Casi humano es, dicen los zoólogos,
el interior del cerdo inteligente,
aún más que perros y caballos.)
Criaturas de Dios, los llama mi abuela.
Hermano cerdo, hubiera dicho san Francisco.
Y ahora es el tajo y el gotear de la sangre.
Y soy un niño pero ya me pregunto:
¿Dios creó a los cerdos para ser devorados?
¿A quién responde: a la plegaria del cerdo
o al que se persignó para degollarlo?
Si Dios existe ¿por qué sufre este cerdo?
Bulle la carne en el aceite.
Dentro de poco, tragaré como un cerdo.

Pero no voy a persignarme en la mesa.

A Hog Meeting Its God

I am seven. On the farm, I watch
through a window as a man crosses himself
then proceeds to slaughter a hog.
I do not want to watch the spectacle.
Almost human are the
premonitory cries.
(Nearly human, zoologists tell us,
are the organs of the intelligent hog,
more, even, than of dog or horse.)
God's creatures, my grandmother calls them.
Brother hog, St. Francis would have said.
Now but butchered flesh and dripping blood.
And I am a child but I ask myself:
Did God create hogs only for us to eat?
Whom does He answer, the prayer of the hog
or the man who crossed himself and then slit its throat?
If God exists, why must this hog suffer?
The flesh bubbles in the oil.
Soon, I will be stuffing myself like a hog.

But I shall not cross myself at table.

El sapo

Es por naturaleza el indeseable
Como persiste en el error
de su viscosidad palpitante
queremos aplastarlo

Trágico impulso humano: destruir
lo mismo al semejante que al distinto

   El sapo
hermoso a su manera
   lo ve todo
    con la serenidad
de quien se sabe destinado al martirio

The Toad

It is by nature unappealing
And as it persists in the error
of its throbbing viscosity
we long to crush it

Tragic human impulse: to destroy
both our image and our opposite

The toad
beautiful in its fashion
    views the world
    with the serenity of one
that knows it is doomed to martyrdom

Caracol

Tú, como todos, eres lo que ocultas. Debajo
del palacio tornasolado, flor calcárea del mar
o ciudadela que en vano
tratamos de fingir con nuestro arte,
te escondes indefenso y abandonado,
artífice o gusano: caracol
para nosotros tus verdugos.

Ante el océano de las horas alzas
tu castillo de naipes, tu fortaleza erizada.
Vaso de la tormenta,
recinto de un murmullo que es nuevo siempre.
Círculo de la noche, eco, marea,
tempestad en que la arena se vuelve sangre.

Sin la coraza de lo que hiciste, el palacio real
nacido de tu genio de constructor,
eres tan pobre como yo,
como cualquiera de nosotros.
Asombra que tú sin fuerzas puedas levantar
una estructura milagrosa, insondable.
Nunca terminará de resonar en mí
lo que preserva y esconde.

En principio te pareces a los demás: la babosa,
el caracol de cementerio.
Y eres frágil como ellos y como todos.

Your strength resides
in the prodigy of your shell,
the patent yet recondite manner
of your survival on this planet.
For that shell we prize and harass you. Your body
is immaterial and has already been devoured.
We want now to autopsy your absence, pose to you
a million unanswerable questions.

Defended against the world by your internal exterior
that both reveals and conceals, you are
a prisoner of your shroud,
a blatant invitation to plunder.
It will outlast you, the temporary dweller,
this your work more beautiful than marble,
this your "morality of symmetry."

To live and die have we come.
That is why we are here.
We will pass on without leaving a trace—
the conch shell being the exception.
What millenary patience
erected the iridescent maze,
the horizontal tower in which the blood of time
polishes its labyrinths, turning them to mirrors,
seas of opaque quicksilver that reflect
eternally the fixity of their own surface.
Splendor of darkness, rigid light,
a surface both skeleton and womb.

Ya nada puede liberarte de ti:
Habitas el palacio que secretaste.
Eres él. Sigues aquí por él. Estás para siempre
envuelto en tu perpetuo sudario.
Lleva impresa la huella de tu cadáver.

Pobre de ti,
abandonado, escarnecido, tan blando
si te desgajan del útero
que es también tu cuerpo, tu rostro,
la justificación de tu invisible tormento.
Cómo tiemblas de miedo a la intemperie,
expulsado
de los dominios en que eras rey
y te veneraban la olas.
De nuevo Moctezuma ante Cortés
que llega de otro mundo y viene armado
por los dioses de hierro y fuego.

Del habitante nada quedó en la playa sombría.
La concha que fue su obra
vivirá un poco más
y al fin también se hará polvo.

Cuando termine su eco
perdurará sólo el mar
que está muriendo desde el principio del tiempo.
Es plenitud su clamoroso silencio.

Now nothing can free you from yourself;
You live in the palace you yourself secreted.
You are it. You endure because of it. You are forever
infolded in your immortal winding sheet.
It bears the impression of your cadaver.

Poor creature,
abandoned, scorned, so vulnerable
when torn from the uterus
that also is your body, your face,
the justification for your invisible torment.
How you tremble from fear of exposure,
expelled now
from the dominions in which you were king
and worshipped by the waves.
Once again Moctezuma facing a Cortés
from another world and
armed by the gods of iron and fire.

On the overcast beach nothing remains of the dweller.
The shell that was its creation
will last a little longer
but in the end it too will be ground to dust.

When your echo fades
only the sea shall have endured,
the sea, dying since the beginning of time.
Abundance, its clamorous silence.

Agua que vuelve al agua, arena en la arena,
sangre que se hunde en el torrente sanguíneo,
circulación de las palabras en el mar del idioma:
la materia que te hizo único,
pero también afín a nosotros,
jamás volverá a unirse, nunca habrá nadie
igual que tú, semejante a ti,
siempre desconocido en tu soledad
pues, como todos,
eres lo que ocultas.

Water returning to water, sand upon sand,
blood sinking into the bloodlike torrent,
circulation of words in the sea of language:
the matter that made you unique,
but also akin to us,
shall never again be joined, never will one be
identical to you, your equal,
forever unknown in your solitude,
for, like all of us,
you are what you conceal.

Fisiología de la babosa

La babosa
        animal sutil
se recrea
        en jardines impávidos
Tiene humedad de musgo
                acuosidad
de vida a medio hacerse
              Es apenas
un frágil
        caracol en proyecto
como anuncio
        de algo que aún no existe

En su moroso edén de baba
              proclama
que andar por este mundo
          significa
ir dejando
        pedazos de uno mismo
en el viaje

La babosa se gasta dando vueltas
a su espiral
        Lleva a cuestas
su paranoia
        Aplastante
condición de su ser

Physiology of the Slug

The slug
     a subtle creature
amuses itself
        in indifferent gardens
It is moist like moss
        aqueous
like life half-lived
        It is little more
than a fragile
      shell-in-the-making
like a notice
     of something that does not yet exist

In its sluggish, slimy Eden
        it proclaims
that to pass through this world
        means
to leave
    bits of oneself
on the journey

The slug expends itself circling
around its spiral
      It carries its paranoia
on its back
    A crushing
condition of its kind

Nadie quiere
                a esta *plaga insulsa*
que a ras de tierra
                        o en paredes
lamenta
        una vida que no pidió

Pobrecita
        Es tan supersticiosa
Teme
        (justificadamente)
que alguien
                venga y le eche la sal

No one loves
                    this insipid plague
that on the ground
                    and on the wall
laments
        a life it didn't seek

Poor creature
                    So superstitious
It fears
        (with reason)
someone will come
                    and over his shoulder throw salt on it

Fragmento de un poema devorado por los ratones

Comunidad de ritos primitivos,
los ratones adoran las tinieblas.
De noche se les ve
feroces, siempre huyendo.
Incisivos, hambrientos, enfrentados
a la persecución, al ocultarse.
Siempre al acecho de quien los acecha . . .

Fragment of a Poem Eaten by Mice

A community of primitive rituals,
mice worship darkness.
At night they seem
fierce, always furtive.
Incisive, hungry, confronting
persecution, they need to hide.
Forever spying on those who spy upon them . . .

Ratus norvegicus

Dichosa con el miedo que provoca, la rata parda de Noruega
(nacida en Tacubaya y plural habitante
de nuestro barrio más bien pobre), en vez de ocultarse
observa con sus ojillos iracundos las tristes armas
—escobas, palos, cacofónica avena venenosa—
que no podrán contra su astucia.
Sentada en su desnuda cola y en la boca del túnel
que perforó para ganar la calle o la casa según convenga,
la rata obesa de exquisita pelambre, la malhechora
que se come el cereal del pobre, la muy canalla
que devora recién nacidos arrojados a los baldíos,
parece interrogarme: "¿Soy peor que tú?"
con sus bigotes erizados la oronda en tensión suprema.
"También tengo hambre y me gusta aparearme y no
me consultaron antes de hacerme rata y soy más fuerte
(comparativamente) y más lista. ¿Puedes negarlo?
Además las ratas somos mayoría: por cada uno de ustedes
hay cinco de nosotras. En esta tierra
las ratas somos los nativos; ustedes
los indeseables inmigrantes. Tan sólo vean
la pocilga y el campo de torturas que han hecho
de este planeta compartido. El mundo
será algún día de las ratas. Ustedes
robarán en nuestras bodegas,
vivirán perseguidos en las cloacas."

El gato interrumpió el monólogo silente
y de un salto de tigre cayó sobre la rata y la hizo
un cúmulo de horror y sangre y carne palpitante.

Rattus Norvegicus

Happy with the fear it has evoked, the brown Norwegian rat
(Mexico-born and multitudinous inhabitant
of our not-affluent neighborhood) instead of hiding
observes with irate eyes the pitiful weapons
—brooms, sticks, cacophonous ratsbane-laced grain—
that have no effect against its cleverness.
Sitting within its hairless tail in the mouth of the tunnel
it dug to reach street or house at its convenience,
the obese rat of magnificent pelt, the malefactor
that eats the oats of the poor, the disgusting beast
that devours newborn babies thrown on vacant lots,
whiskers twitching, pompous, orating at high pitch,
seems to question me: "Am I worse than you?
I'm hungry, too, and like to mate, and no one asked
before making me a rat, besides, I am stronger
(comparatively) and cleverer, too. Can you deny it?
Furthermore, we rats outnumber you: there are five of us
for every one of you. On this earth
we rats are the natives; you
the unwanted immigrants. Just look at
the pigsty, the torture chamber, you have made
of the planet we share. One day
the world will belong to us rats. You
will steal food from our pantries,
and you will be chased through the sewers."

The cat interrupted the silent monologue,
with a bobcat's spring it fell upon the rat, leaving
nothing but a heap of horror, blood, and throbbing flesh.

Perra vida

Despreciamos al perro por dejarse
domesticar y ser obediente.
Llenamos de rencor el sustantivo *perro*
para insultarnos.
Y una muerte indigna
es *morir como un perro*.

Sin embargo los perros miran y escuchan
lo que no vemos ni escuchamos.
A falta de lenguaje
(o eso creemos)
poseen un don que ciertamente nos falta.
Y sin duda piensan y saben.

Así pues,
resulta muy probable que nos desprecien
por nuestra necesidad de buscar amos,
por nuestro voto de obediencia al más fuerte.

Bitching Life

We scorn the dog for letting itself
be tamed, for its obedience.
With disdain, we mouth the noun "dog"
to insult ourselves.
An unworthy death
is *to die like a dog.*

Dogs, nevertheless, watch and hear
what we cannot see or hear.
For lack of language
(or so we believe)
they possess a gift we clearly do not have.
We cannot deny that they think and know.

And being so
it is likely that they scorn us
for needing to seek masters,
for vowing obedience to the most powerful.

Perra en la tierra

La manada de perros sigue a la perra
por las calles inhabitables de México.
    Perros muy sucios,
    cojitrancos y tuertos,
    malheridos
y, cubiertos de llagas supurantes.
    Condenados a muerte
y por lo pronto al hambre y la errancia.
    Algunos cargan
signos de antigua pertenencia a unos amos
que los perdieron o los expulsaron.
    Ya pocos pueden
    darse el lujo de un perro.

Y mientras alguien se decide a matarlos
    siguen los perros a la perra.
La huelen todos, se consultan, se excitan
    con su aroma de perra.
Le dan menudos y lascivos mordiscos.
    La montan
uno por uno en ordenada sucesión.
    No hay orgía
sino una ceremonia sagrada, inclusive
en estas condiciones más que hostiles:
    los que se ríen,
los que apedrean a los fornicantes,
    celosos

Bitch on Earth

A pack of dogs is following a bitch
through the uninhabitable streets of Mexico City.
    Extremely dirty dogs,
    half-lame and blind,
    knocked about,
and covered with oozing sores.
    Condemned to death
and, more immediately, to hunger and homelessness.
    Some show
signs of once having belonged to a master
who lost them or threw them out.
    Few now can claim
    the luxury of keeping a dog.

Meanwhile, before someone decides to kill them
    the dogs are following the bitch.
They all sniff her, talk her over, grow hot
    from her bitch's odor.
They nip at her, small, lustful bites.
    They mount her
one by one in orderly succession.
    There is no orgy
only a sacred ceremony, even under
these more-than-hostile conditions:
    people laughing,
some stoning the fornicators,
    jealous

del placer que electriza las vulneradas pelambres
y de la llama seminal encendida
en la orgásmica entraña de la perra.

La perra-diosa,
la hembra eterna que lleva
en su ajetreado lomo las galaxias, el peso
del universo que se expande sin tregua.

Por un segundo ella es el centro de todo.
Es la materia que no cesa. Es el templo
de este placer sin posesión ni mañana
que durará mientras subsista este punto,
esta molécula de esplendor y miseria,
        átomo errante
        que llamamos la tierra.

of the pleasure electrifying their scarred coats
and of the seminal flame lighted
in the bitch's orgasmic orifice.

The bitch-goddess
eternal female who carries
on her fatigued back the galaxies, the weight
of the implacably expanding universe.

For a second she is the center of all things.
Indestructible matter. She is the temple
of this pleasure without possession or tomorrow
that will last as long as this dot,
this molecule of splendor and misery,
this errant atom
we call the earth.

De fuego
Fire

La salamandra

De esta noche se fue la luz. En tinieblas
vibra la llama de una vela. Mil sombras
en la pared cambiante como nube de piedra.
En las manchas del muro Leonardo vio
dibujarse la salamandra que nace
del fuego y es de fuego y encarna
la vida invulnerable que vuelve siempre.
Para encenderse y seguir ardiendo se nutre
de muerte y fuego.

Cuando se acabe la noche, o
cuando se extinga la vela,
terminará en su llama la salamandra
y entonces
de su muerte nacerá el sol
que también es fuego
y vida y muerte y parece
la salamandra del incendio celeste.

The Salamander

The light has gone from this night. The flame
of a candle quivers in the darkness. A thousand shadows
on a wall changing like clouds of stone.
In the stains on his wall Leonardo saw
described the salamander that is born
of fire and is fire, the incarnation of
the eternal return of inviolable life.
To ignite itself and keep ablaze it feeds
on death and fire.

When the night ends, or
when the candle dies,
the salamander will vanish in its flame
and then
from its death the sun will be born
which also is fire
and life and death and facsimile
of the salamander of the heavens' fire.